¡HOLA, MUNDO!

WITH

¡HOLA, AMIGOS!

Level 2

Instituto Cervantes

CAMBRIDGE

Edi numen

¡Hola, Mundo!, ¡Hola, Amigos!
© **Editorial Edinumen**, 2014
© **Autores:** María Gómez, Manuela Míguez, José Andrés Rojano y Pilar Valero
© **Autora canciones, letra y música:** M.ª Idoia Sáez de Ibarra
Coordinadora: Pilar Valero

Curso interactivo ¡Hola, amigos!
© **Instituto Cervantes**

ISBN del Libro del alumno: 978-84-9848-616-2
Depósito Legal: M-1984-2014
Impreso en España
Printed in Spain

Ilustraciones y diseño de cubierta:
Carlos Casado

Edición:
David Isa

Canciones:
Voces: M.ª Idoia Sáez de Ibarra y Rocío González
Niños: Luna, Carla, Francisco, Daniel, Pablo y José
Letra y música: Idoia Sáez de Ibarra
Arreglos: Fernando Camacho y Enrique Torres
Ingeniero de sonido: Enrique Torres
Estudio de grabación: www.aire-estudio.es

Fotografías:
Archivo Edinumen
Fotos de los Reyes Magos por cortesía de Fernando Salazar para el Ateneo de Sevilla.
Fotos de la Feria del Libro por cortesía de José Repullo.

Impresión:
Gráficas Glodami. Coslada (Madrid)

Cambridge University Press
32 Avenue of the Americas
New York, NY 10013

Índice

¡Bienvenidos!

Sesión 1

1 Escucha y canta.

¡Hola! ¡Bienvenidos!
¿Qué tal estáis?
Yo me llamo Oda.
¿Cuántos años tienes?
Tengo 9 años. ¿Qué tal estáis?

Yo me llamo Héctor.
¿A qué te dedicas?

Yo soy estudiante. ¿Qué tal estáis?

Yo me llamo Mar.
¿De dónde eres?
Yo soy española. ¿Qué tal estáis?

ACTIVIDADES EXTRAESCOLARES
COLEGIO MIGUEL DE CERVANTES
¡BIENVENIDOS!

¿De dónde eres?

Soy de Italia.

¡Buenas tardes a todos!
¡Por favor, atención!

¿A qué te dedicas?

¿Cómo te llamas?

Soy profesor.

Me llamo Marco.

¡Hola! ¿Qué tal estáis, chicos? Soy Julia y vivo en España.

¿Cómo estáis? Nosotros somos estudiantes en el Colegio Miguel de Cervantes.

¡Encantada, Marco! ¿Cuántos años tienes?

Tengo once años.

2 Escucha e identifica.

3 Escucha y observa. Luego, practica con tu compañero.

¡Hola! Soy Guillermo, ¿cómo te llamas?

Me llamo Rocío. Encantada, Guillermo.

¿Cuántos años tienes?

Tengo veintidós años. ¿De dónde eres?

Soy de Santander. ¿A qué te dedicas?

Soy bibliotecaria. ¿Y tú?

Yo soy estudiante.

4 ¡Así suena! Escucha y repite.

Quisquín y Cuca comen queso, castañas y coco a escondidas... ¡qué cara!

5  **Escucha y relaciona.**

6 Lee y elige. ¿Qué dicen?

Aprende

Me gusta(n).

A mí, también.

A mí, no.

No me gusta(n).

A mí, tampoco.

A mí, sí.

7 Escucha, lee y relaciona.

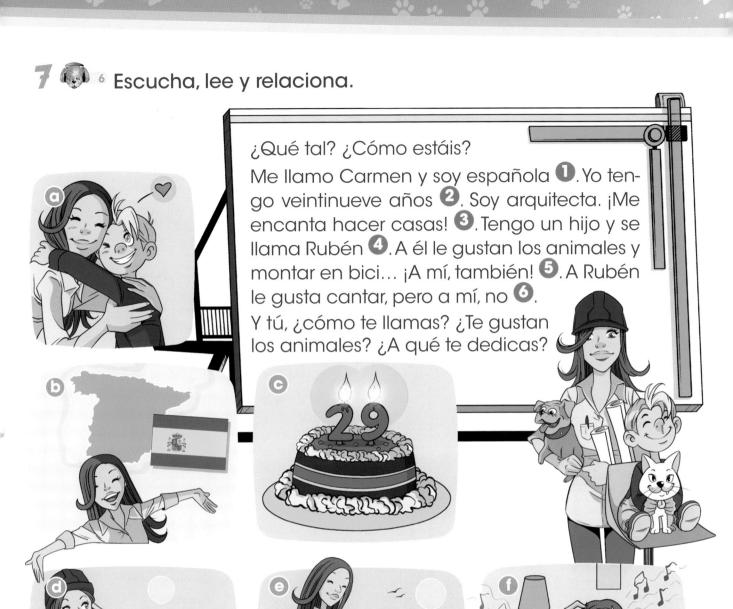

¿Qué tal? ¿Cómo estáis?

Me llamo Carmen y soy española ❶. Yo tengo veintinueve años ❷. Soy arquitecta. ¡Me encanta hacer casas! ❸. Tengo un hijo y se llama Rubén ❹. A él le gustan los animales y montar en bici… ¡A mí, también! ❺. A Rubén le gusta cantar, pero a mí, no ❻.

Y tú, ¿cómo te llamas? ¿Te gustan los animales? ¿A qué te dedicas?

8 Lee y completa según la actividad anterior.

1. Carmen es de . *Carmen es de España.*

2. Ella tiene [?] [?].

3. A Carmen [?] [?] hacer casas.

4. A Carmen y Rubén les gustan [?] [?] y [?] en [?].

9  7 Escucha e identifica. Luego, repite.

Me gustan las actividades del colegio por las tardes: jugar al fútbol, ...

COLEGIO MIGUEL DE CERVANTES

ACTIVIDADES

- correr
- montar en monopatín
- montar en bici
- jugar al fútbol
- patinar
- nadar
- jugar al tenis
- jugar al baloncesto
- montar a caballo
- jugar al balonmano

10 8 Escucha y adivina.

1. Me gusta [?] y [?] .

2. ¿Te gusta [?] ? ¡A mí, sí!

3. A Oda no le gusta [?] , pero le gusta mucho [?] .

4. A Germán le encanta [?] .

11 Ordena y responde.

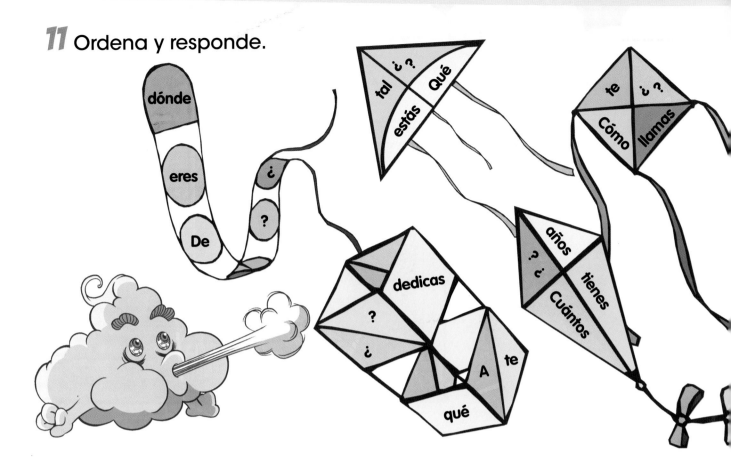

dónde · eres · ? · De

¿? · tal · Qué · estás

te · ¿? · Cómo · llamas

dedicas · ? · ¿ · A · te · qué

años · ? ¿ · tienes · Cuántos

12 🐾 9 ¡El rap del Clan! Canta y responde.

A mí, también.　　A mí, tampoco.　　A mí, sí.　　A mí, no.

1. Me gustan los libros.

2. No me gusta nadar.

3. ¿Te gustan los deportes?

4. Me encanta patinar.

5. No le gusta correr.

6. Le gustan los animales.

7. ¡Me gusta el español!

Me gustan los libros.

A mí, también.

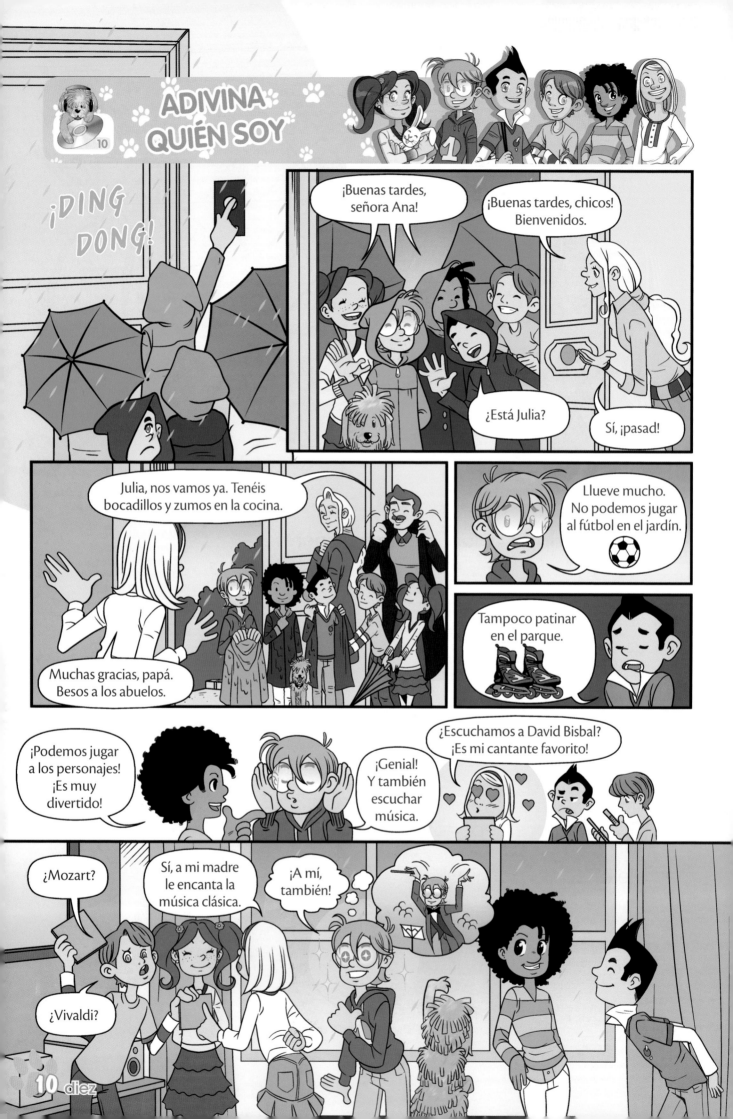

¡Estoy durmiendo! ¡Chsss!

Sesión 1

1 Escucha y canta.

desayunar

usar el ordenador

jugar

leer

beber

¿Qué estás haciendo?
Estoy desayunando.

Aquí estoy, estoy leyendo.

Estoy visitando a mis abuelos.

Aquí estoy, estoy comiendo.

Estoy jugando.

Aquí estoy, estoy bebiendo.

Estoy viendo la tele.

Aquí estoy, estoy durmiendo.

comer

dormir

estudiar

visitar a los abuelos

ver la tele

¡Cuántas cosas haces!

¡Me encantan mis fotos!
Aquí yo estoy viendo la tele.

2 Escucha y repite.

3 Pregunta y responde.

¿Qué hace el número **7**?

JUGAR

4 13 ¡Así suena! Escucha y repite.

Un zorro ciego de Zamora se zampó el zumo, las cerezas, las ciruelas y las zanahorias.

5 Observa, escucha y aprende.

6 Completa y señala.

1. Héctor está *desayunando*.

2.  está  a su tío.

3.  está  helado.

4. Oda .

5. Mar  al tenis.

6. Germán  un zumo.

Ahora juega con tu compañero.

Tú estás bebiendo.

Sí, yo estoy bebiendo.

7 Lee y relaciona.

Me llamo Laura. Estoy visitando a mis abuelos. ¡Es domingo! A las tres es la hora de comer.
Mi abuela está comiendo pollo con patatas y mi abuelo está bebiendo zumo de naranja. **❶**

A las seis es la hora de jugar. ¡Me encanta! Yo estoy jugando al fútbol con mi hermano. Es muy divertido. **❷**

A las diez estoy durmiendo en mi cama. Mañana hay cole, chsss... ¡Buenas noches! **❸**

8 Elige la respuesta correcta.

1. Laura está visitando a sus...
   a) tíos.
   b) abuelos.
   c) padres.

2. ¿Qué día es?
   a) Sábado.
   b) Domingo.
   c) Jueves.

3. La abuela de Laura está...
   a) comiendo.
   b) jugando.
   c) bebiendo.

4. A las... es la hora de jugar.
   a) dos   b) seis   c) diez

5. Laura está jugando al...
   a) balonmano.
   b) tenis.
   c) fútbol.

9  **15** Escucha y repite.

rosa

morado

marrón

naranja

gris

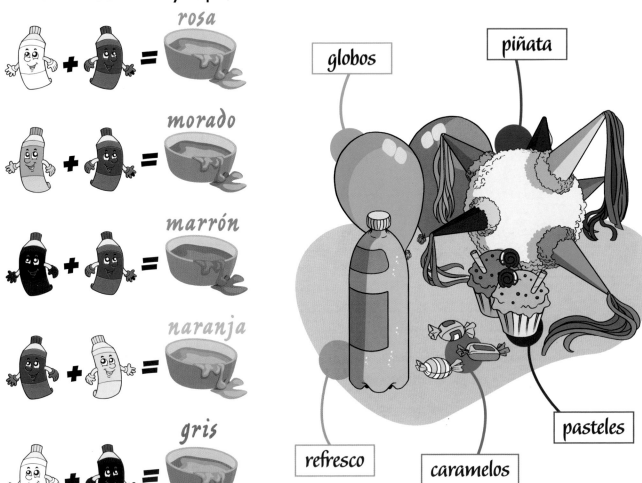

globos

piñata

pasteles

refresco

caramelos

10 Observa y juega con tu compañero.

¿De qué color es el globo?

El globo es morado.

11 ¡Responde y gana!

Instrucciones:

¿Qué está haciendo? ¿Qué color es? ¿Qué es esto?

Necesitas:

¡Es mi cumpleaños!

Sesión 1

1  **17 Escucha y canta.**

¿Cuándo es tu cumpleaños?
En abril, en abril.
Mi cumpleaños es en abril.
Cumpleaños feliz, cumpleaños feliz.
Te deseamos todos, cumpleaños feliz.
¿Cuándo es tu cumpleaños?

En diciembre, en diciembre.
Mi cumpleaños es en diciembre.

¿Cuándo es tu cumpleaños?
Es en mayo, es en mayo.
Mi cumpleaños es en mayo.

Feliz cumpleaños, Germán.

Gracias.

2  **18 Escucha y repite.**

Mi cumpleaños es en junio.

¿Cuándo es tu cumpleaños?

enero   febrero   marzo   abril
mayo   junio   julio   agosto
septiembre   octubre   noviembre   diciembre

3 Pregunta y responde.

¿Cuándo es su cumpleaños?

1.  ....   Es en enero.

2. ....  ....

3. ....  ....

4. ....

5. ....  ....

6. ....  ....

4 🐶 19 ¡Así suena! Escucha y repite.

No se aburre la joven y bella bailarina Vanesa. Vive con una boa bizca y traviesa.

5  20 **Escucha y aprende. Luego, practica.**

Te invito a mi cumpleaños.

Gracias. ¿Qué quieres para tu cumpleaños?

Yo quiero un balón o una guitarra.

¿Cuántos años cumples?

Cumplo 9 años. Y, ¿cuándo es tu cumpleaños?

Es el 20 de febrero.

6 **Ordena y responde.**

cumpleaños? · es · ¿Cuándo · tu ····→ **1.** *Mi cumpleaños es el 9 de julio.*

a · Te · invito · mi cumpleaños ····→ **2.** _____

años · ¿Cuántos · cumples? ····→ **3.** _____

cumpleaños? · su · es · ¿Cuándo ····→ **4.** _____

Aprende

> ¿Cuándo es tu cumpleaños?
> Mi cumpleaños es en marzo, el 30 de marzo.
> Te invito a mi cumpleaños.

> ¿Qué quieres...?
> Quiero...
> ¿Cuántos años cumples?
> Yo cumplo 9 años.

7 Lee y completa.

fútbol

refrescos

octubre

pasteles

globos

sábado

¡Te invito a mi cumpleaños!

La fiesta es el   1 , día 10 de   2   a las cinco en el jardín de mi casa.
Tenemos   3 , chuches, bocadillos y
  4 . ¡Y hay piñata! A las seis
tenemos la tarta y los   5 , y a las
siete jugamos al   6 .

Vivo en la calle Real, 25.
Mi teléfono es 654908765.
¡Te espero!
Germán

8 ¿Verdadero o falso?

1. Es el mes de octubre.
2. La fiesta de cumpleaños es a las tres.
3. Tenemos refrescos y bocadillos.
4. Comemos la tarta a las siete.
5. Germán vive en la calle Roja.

9 Observa, suma y sigue.

41 cuarenta y uno

68 sesenta y ocho

77 setenta y siete

10 diez

20 veinte

30 treinta

¿Qué quieres para tu fiesta?

Quiero caramelos, globos y pasteles, por favor.

Ayúdame a sumar.

🎈 + 🎈 = cuarenta	60
🍬 + 🧁 = cincuenta	100
🧁 + 🍨 = sesenta	80
🎈 + 🍬 = setenta	40
🎈 + 🎈 + 🎈 + 🎈 = ochenta	50
🧁 + 🍨 + 🧁 = noventa	90
🎈 + 🍨 + 🍬 = cien	70

Aprende

35: treinta y cinco.
44: cuarenta y cuatro.
67: sesenta y siete.
86: ochenta y seis.

10 "Violeta juega a la ruleta". Señala y practica.

¿Qué número es?

Setenta y dos.

46 18 67 76 72 50 61 94 35 29 83 100

11 Busca las diferencias. ¿Qué ves...?

Daniel

- Su cumpleaños es el 7 de mayo.
- ....
- Daniel cumple 9 años.
- ....

Marta

- ....
- La fiesta de cumpleaños es a las cinco.
- ....
- Ella quiere una cometa para su cumpleaños.

12 Crea tu "Cumple-póster".

Necesitas:

cartulinas

foto de tu cumpleaños

tijeras

lápices de colores

pegamento

¡MI CUMPLEAÑOS!

Mi cumpleaños es en noviembre. Cumplo 9 años el día 12. Yo quiero una raqueta de tenis para mi cumpleaños. Invito a mis amigos José y Mónica a mi fiesta.

Hay globos, pasteles, refrescos y bocadillos.

Manuel

¡ES LA HORA DE LA PIÑATA!

Es el cumpleaños de Germán...

FELIZ CUMPLEA

MIAU

Me gusta jugar al fútbol.

A mí, también. Mi jugador favorito es Iniesta.

Me encanta tu balón nuevo.

¡Me toca jugar! 10, 20, 30, 40, 50 y 60.

Niños, ¿qué estáis haciendo?

Mamá, estamos jugando.

¡Es la hora de la piñata!

¡Bien, la piñata es divertida!

¿Hay caramelos?

Sí, y también hay globos.

SNIF
SNIF

¿Hay pasteles en la piñata?

Nooo, en la piñata solo hay chuches.

¿Dónde están los caramelos?

Están dentro de la piñata. Hay setenta y dos caramelos y treinta y cuatro globos.

UNIDAD 4

Un paseo por el pueblo

Sesión 1

1 🐶 23 Escucha y canta.

¿Dónde vamos a ir?
Con mi primo vamos a ir.
¿Dónde vamos a ir?
¿Dónde vamos?
Vamos a ir al supermercado.

Vamos a ir al ayuntamiento.

Vamos a ir a la biblioteca.

Vamos a ir al polideportivo.

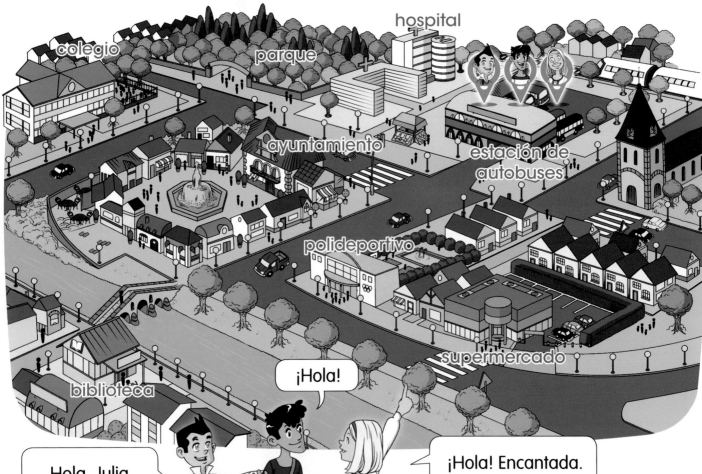

2 🐶 24 Escucha e identifica.

3 🐾 25 Escucha y practica.

¿Vamos al supermercado?

Sí, vamos en el autobús número ❸.

¡Sí! Bien.

4 🐾 26 ¡Así suena! Escucha y repite.

Soy Eloy y en la playa estoy. Desayuno yogur de yema hoy.

5 27 Escucha y relaciona.

Héctor, tú **vas** al supermercado, ¿no?

Síííí, yo **voy** al supermercado. ¿Y vosotros **vais** al polideportivo?

Sí, **vamos** a jugar al fútbol.

El niño también **va** a jugar al fútbol.

Y ellas **van** a la biblioteca.

6 28 ¿Dónde va?

Julio

Marta

José

Lucía

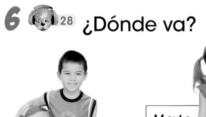

¿Dónde va Julio?

Él va al polideportivo.

Y tú, ¿dónde vas?

Aprende	
IR	
Yo	voy
Tú	vas
Él/Ella	va
Nosotros	vamos
Vosotros	vais
Ellos/as	van

a...

7  🐾 29 **Escucha y lee.**

7 de diciembre

Hola, tía Yolanda:

¿Cómo estás? Nosotros estamos muy bien. Al primo Jesús le encanta el pueblo. Todos los días vamos al polideportivo con mis amigos. Allí jugamos al fútbol. Los martes vamos a la biblioteca. Nos gusta leer cómics.

Mañana todos vamos al ayuntamiento, con mi mamá y mi papá.

Un beso,

Santi.

P.D. Ahora voy al supermercado a comprar los caramelos favoritos de Jesús.

8 **Lee y di si es verdadero o falso.**

1. La tía de Santi se llama Oda.
2. Todos los días van al cine con sus amigos.
3. Los martes van a la biblioteca a leer libros.
4. Santi y sus amigos van al polideportivo a jugar al fútbol.
5. Jesús y Santi van al ayuntamiento mañana.
6. Santi va al supermercado a comprar caramelos.

9 30 Escucha e identifica. Luego, repite.

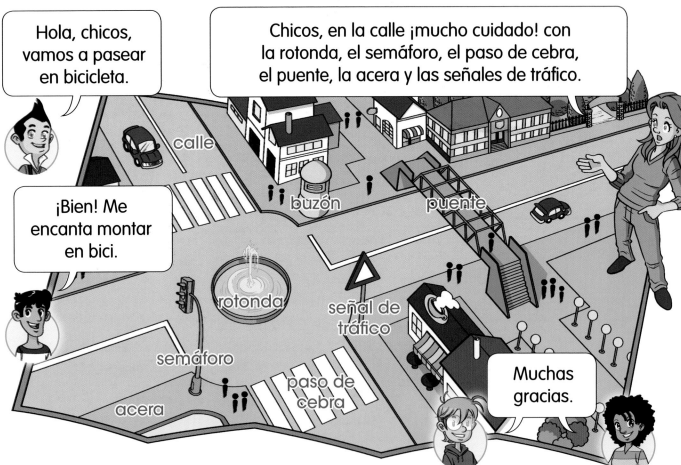

Hola, chicos, vamos a pasear en bicicleta.

Chicos, en la calle ¡mucho cuidado! con la rotonda, el semáforo, el paso de cebra, el puente, la acera y las señales de tráfico.

¡Bien! Me encanta montar en bici.

Muchas gracias.

calle

buzón

puente

rotonda

señal de tráfico

semáforo

paso de cebra

acera

10 31 Escucha y relaciona.

Él está en el puente.

Ella espera en el paso de cebra.

Él pasea por la acera.

Ellos están en la rotonda.

Ella está delante del buzón.

① ② ③ ④ ⑤

11 Vamos al cole. Juega con tu compañero.

① ¿Cuál es tu asignatura favorita en el colegio?

② ¿Qué deportes te gusta jugar en el polideportivo?

③ ¿Qué estás haciendo en la biblioteca?

④ ¿A qué hora sale el autobús?

⑤ ¿Cuándo vas a jugar al parque?

¡Buenos días, señora Pepa! ¿Está Santi?

Sí, ¡buenos días, chicos! ¿Vais a ir a comprar el regalo de Jesús?

Sí, es una sorpresa. Vamos al supermercado a comprar un regalo.

Podéis comprar un libro de aventuras.

No, papá. A mi primo le gusta mucho el fútbol.

¡Vamos a comprar un balón!

¡Y vamos al parque con las bicis!

Chicos, tenemos que parar. El semáforo está en rojo.

Chicos, ¡cuidado con los semáforos, las rotondas y los pasos de cebra!

¿Cuándo se va Jesús?

Mañana. Vamos a ir con él a la estación de autobuses.

¿A tu primo le gusta el pueblo?

Sí, está muy contento.

Vamos, Santi, ya está en verde.

Dos horas después...

¡Hola, amigos!

¡Sorpresa!

Tenemos un regalo para ti. Está en la caja.

Muchas gracias.

¡Ohhh! Mi primo preferido se vaaa...

Chicos, aquí tenéis unos bocadillos y refrescos.

¡Cuidado con los bocadillos! A Lío les encantan.

¡BLAM!

¡Uah!

¡GUAU GUAU!

¡CATACRASH!

Lío, noooo.

¡Buaaa!

LA AVENTURA CONTINÚA...
¿QUERÉIS VENIR CONMIGO?

Me duele la cabeza

Sesión 1

1 🎧 33 Escucha y canta.

2 🎧 34 Escucha y señala. Luego, repite.

3 🐾 35 ¿Qué dicen? Observa y practica con tu compañero.

¿Qué te pasa, Manuela?

Me duele la garganta y estoy resfriada.

Lo siento, que te mejores.

Marta

Iñaki

Juan

dolor de cabeza · dolor de oído · dolor de muelas
dolor de garganta · fiebre · dolor de estómago

David

Pepe

Marisol

4 🐾 36 ¡Así suena! Escucha y repite.

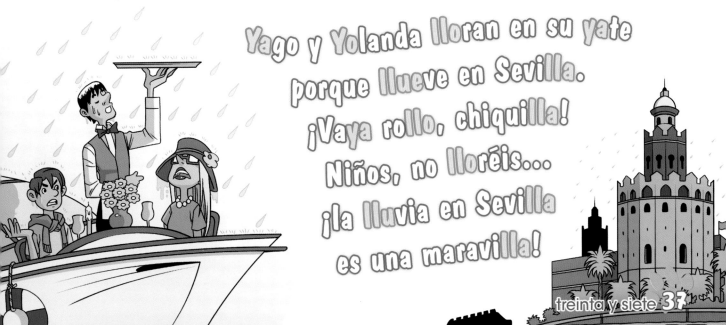

Yago y Yolanda lloran en su yate
porque llueve en Sevilla.
¡Vaya rollo, chiquilla!
Niños, no lloréis...
¡la lluvia en Sevilla
es una maravilla!

5 37 Escucha, observa y relaciona.

❶

> ¿Qué te duele?
> Me duele el estómago.
> Lo siento, que te mejores.

❷

> ¿Cómo te encuentras?
> Me encuentro bien, gracias.
> ¡Me alegro!

❸

> ¿Dónde te duele?
> Me duele aquí, en la garganta. Me siento mal.

6 Ordena y relaciona.

duele? ····· ¿Qué ····· te

estoy
mal, siento
Me resfriado.

encuentras? ···· ¿Cómo ···· te

el
aquí, en Me
oído. duele

duele? ···· te ···· ¿Dónde

Me
la duele
espalda.

7 Lee y relaciona.

Héctor → **Juan**

Hola, Juan:

Soy Héctor. Hoy no voy al cole… Estoy enfermo y me siento mal. Tengo fiebre y me duele la cabeza **1**. Estoy resfriado y me duele la garganta **2**. No tengo hambre, pero tengo sed. Estoy bebiendo mucho zumo de naranja **3**. Ahora voy al médico con mi mamá, pero no me gusta el jarabe **4**. Hoy tenemos Educación Física y tú vas a jugar al baloncesto **5**. ¡Qué bien!

Adiós.

a **b** **c** **d** **e**

8 Elige la respuesta correcta.

1. ¿Quién escribe el mensaje?
  a) Juan.
  b) Héctor.
  c) La mamá de Héctor.

2. Héctor tiene…
  a) fiebre y dolor de oídos.
  b) fiebre y dolor de cabeza.
  c) dolor de muelas y está resfriado.

3. Héctor va al médico con…
  a) Juan.
  b) Oda.
  c) su mamá.

4. Hoy Juan…
  a) no va al cole.
  b) no va a clase de Educación Física.
  c) va a jugar al baloncesto.

Aprende

> ¿Cómo te sientes?   > Me siento bien/mal.   > Me alegro/Lo siento.
> ¿Qué te duele?   > Me duele la cabeza.
> ¿Dónde te duele?   > Me duele aquí.

9  38 Escucha y aprende.

¿Quieres un vaso de leche, Germán?

Sí, por favor... ¿Y puedes darme mi libro? Está **ahí**.

¿Necesitas el ordenador, Julia?

No. Está **aquí**.

¿Necesitas beber agua, Mar? La fuente está **allí**.

Sí, por favor.

10 ¿Aquí, ahí o allí? Practica con tu compañero.

Necesito...

Quiero...

¿Qué necesitas?

El libro está allí.

Necesito el libro, por favor.

11 Ayuda a Lío a llegar al hospital.

¡Me gusta tu jersey!

Sesión 1

1 🐶 40 Escucha y canta.

2 🐶 41 Escucha y señala. Luego, repite.

3 Pregunta y responde.

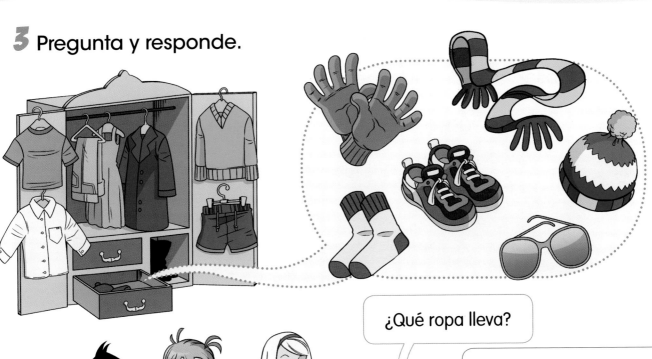

¿Qué ropa lleva?

Lleva un jersey azul.

Él es Santi.

Me toca.

4 42 ¡Así suena! Escucha y repite.

En nuestro abecedario
MAYÚSCULAS y minúsculas encontramos:
junio, viernes, libro y francés
con minúsculas se ven.
Barcelona, Rocío, Italia y Español,
¡todas con MAYÚSCULAS son!

Sesión 2

5 43 Observa, escucha y aprende.

¿Vamos al cine?

Sí, ¡qué bien!

¿Qué ropa llevas?

Yo llevo un pantalón vaquero, ¿y tú?

Yo llevo una falda y una camiseta.

¿Cómo te quedan?

Me quedan muy bien. ¿Y a ti?

Bien también. Me gusta mi pantalón.

6 44 Escucha e identifica.

¿Qué ropa lleva?

Lleva una camiseta y unas gafas de sol rojas. Le quedan muy mal.

¿Qué...?

¿Qué...?

¿Qué...?

¿Qué...?

7 Lee y relaciona.

Hola, Oda:

Me voy al pueblo con mis tíos el fin de semana.

Llevo mucha ropa en mi maleta: el pantalón vaquero y la camiseta verde. Me quedan muy bien. También, el bañador rojo para nadar y las gafas de sol. La falda rosa, ¡me encanta!

El domingo vamos al campo y llevo las zapatillas de deporte para jugar.

¡Hasta pronto!

Mar

8 Elige la respuesta correcta.

1. ¿Cuándo se va al pueblo?
   a) El lunes.
   b) El miércoles.
   c) El fin de semana.

2. Mar lleva en la maleta…
   a) un abrigo.
   b) un pantalón vaquero.
   c) un gorro.

3. ¿Qué le encanta a Mar?
   a) Las zapatillas de deporte.
   b) La bufanda.
   c) La falda rosa.

4. A Mar le queda muy bien…
   a) la camiseta verde.
   b) los guantes.
   c) el bañador.

Aprende

> ¿Qué ropa llevas?   > Yo llevo…

> ¿Me queda(n)/Te queda(n)… (muy) bien/mal.

9 🐶 45 Escucha y repite.

> **Mi** falda es larga.
> **Su** falda es corta.

> **Mi** abrigo es grande.
> **Tu** abrigo es pequeño.

> **Mis** camisetas son bonitas.
> **Sus** camisetas son feas.

pequeño

grande

bonita

larga   corta

fea

10 Completa oralmente.

¿Qué ropa lleva Santi?

¿De qué color es?

¿Cómo le queda?

¿Cómo son sus zapatos?

Él lleva una camiseta muy pequeña.

Es verde.

Le queda muy mal.

Sus zapatos son muy grandes.

Ahora, te toca a ti.

¿Qué ropa lleva...?
¿Cómo le queda(n)?

¿De qué color es/son...?
¿Cómo es/son...?

Aprende

Mi falda	Tu abrigo	Su camiseta
Mis faldas	Tus abrigos	Sus camisetas

11  **46 Escucha e identifica.**

Adrián   Isabel   Sergio   Sofía

12 Crea tu póster.

Necesitas:

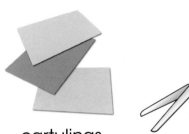

cartulinas

tijeras

lápices
de colores

pegamento

foto

Mi ropa favorita

Mi ropa favorita es: mi jersey verde, mis vaqueros y mis zapatillas de deporte.

En verano llevo pantalón corto y bañador. Tengo tres camisetas: blanca, roja y naranja.

Me encanta mi gorra marrón. ¡Me queda muy bien! También me gustan las gafas de sol.

¿Qué tal, chicos?

¡Vamos! Empieza la fiesta de disfraces.

Lío, tú también estás invitado.

Mar, te queda muy bien.

¡Qué bien! ¡Vamos a la fiesta!

Me gusta mucho. Tu falda es larga y muy bonita.

¿Qué lleva Julia?

Ella lleva una nariz muyyy grande.

¿Qué lleva Lío?

Ja, ja, ja. Su disfraz. ¡Me gusta mucho! ¿Y tú?

Yo voy de Superman. Mi capa es muy corta. ¡Me queda muy mal!

Yo soy Batman. ¿Te gusta, Oda?

Tu capa es muy larga.

Ja, ja, ja. Santi, el pantalón te queda mal, es muy pequeño.

Sí, es verdad.

¡Somos diferentes!

Sesión 1

1 🐾 48 Escucha y canta.

Dime cómo eres. Dime cómo eres.
Dime cómo eres tú.
Soy alta y delgada, alta y delgada.
Los ojos de color azul.
¡JULIA!

Tengo el pelo negro,
el pelo negro.
Tengo la nariz pequeña.
¡SANTI!

Tengo las manos grandes,
las manos grandes.
El pelo de color marrón.
¡GERMÁN!

Yo soy Julia, soy alta y delgada. Tengo el pelo largo y rubio. Mis ojos son azules. Tengo la nariz pequeña y las manos grandes. Soy tímida, guapa y traviesa.

el pelo

largo   corto

los ojos

verdes   negros   marrones   azules

TENER

morena   rubio

guapa   feo

SER

alta   baja   delgado   gorda   travieso   divertido   gracioso   tímido

2 🐾 49 Escucha y repite.

3 ¿Cómo es? Pregunta y responde.

¿Cómo es Alicia?

1 Alicia es ____ y tiene ____ . → *Alicia es alta y tiene los ojos azules.*

¿Cómo es Ana?

2 Ana tiene ____ y es ____ y ____ .

¿Cómo ...Juan?

3 Juan es ____ y tiene ____ . Es ____ y ____ .

¿...Rosa?

4 Rosa es ____ . Tiene ____ y es ____ .

4 🐾 50 ¡Así suena! Escucha y repite.

En el salón juega al parchís Ramón,
en la cocina Ángel guisa una lubina
y en el ático Bárbara mira con prismáticos

5  51 Escucha, señala y aprende.

Los ojos negros.

El pelo corto y moreno.

La boca pequeña.

Las orejas grandes.

6 Elige y completa.

gordos

moreno

rubias

bajos

delgada

alta

guapo

traviesas

1. Bárbara es ... y ...

3. Luis y Juan son ... y ...

2. Andrés es ... y ...

4. Cristina y Laura son ... y ...

Aprende

El niño alto.   La niña alta.
Los niños altos.   Las niñas altas.

7 🐕 52 Escucha y relaciona.

Mi primo preferido

Mi primo se llama Raúl y tiene once años.

Él es un niño alto y delgado. Tiene los ojos grandes y azules.

Su pelo es corto y moreno. Su boca es pequeña.

Raúl es divertido y gracioso... ¡Y muy travieso!

A Raúl le gusta montar en bici, patinar y jugar al fútbol en el polideportivo.

Hoy mi primo lleva una camiseta roja, unos pantalones vaqueros y una gorra azul.

¿Quién es Raúl?

8 Contesta sí 👍 o no 👎.

	sí	no
1. Mi primo se llama Raúl.	✔	○
2. Él tiene catorce años.	○	○
3. Es un niño bajo y gordo.	○	○
4. Raúl tiene los ojos azules y pequeños.	○	○
5. Su boca es pequeña.	○	○
6. A Raúl le gusta patinar y jugar al fútbol.	○	○
7. Mi primo lleva una gorra.	○	○

9 53 Escucha, aprende y practica.

Ella canta bien.
Él canta mal.

Santi, sal a la pizarra, por favor.

¿Me dejas tu lápiz?

Él habla alto.
Ella habla bajo.

Él come rápido.
Ella come despacio.

10 Elige y completa.

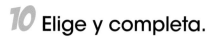

camina despacio

PÍO PÍO

1.

3.

5.

PÍO PÍO

2.

4.

6.

11 Juega y gana.

¿Lo ves o no lo ves?
Adivina quién es.

- ¿Es niño o niña?
- ¿Es rubia o morena?
- ¿Tiene el pelo largo o corto?
- ¿Tiene la boca pequeña o grande?
- ¿Es delgada o gorda?
- ¿Tiene los ojos azules, marrones, negros o verdes?
- ¿Es feo o guapo?
- ¿Tiene las orejas grandes o pequeñas?

MUSEO DE BELLAS ARTES

Niños, vamos, rápido. Son las ocho. La visita es a las nueve.

¡En el museo hay muchos cuadros!

¡Sí, me encanta pintar! Mi asignatura favorita es Dibujo.

¡Ufff! Héctor, tú caminas muy despacio.

¡Buenos días, niños! ¿Cómo estáis? Me llamo Diana y soy la guía del museo.

En esta sala hay pinturas interesantes.

Es muy guapa. Tiene los ojos azules y su pelo es rubio.

Yo, también.

Ja, ja, ja. Héctor, ¿te gusta Diana?

Sí, ella es alta y divertida.

Este es Goya, un famoso pintor español.

Mira, Mar. Él tiene los ojos marrones y la nariz grande. ¿Quién es?

No sé. Tiene las orejas grandes y es feo. Ja, ja ja.

GOYA

UNIDAD 8

¡Estoy muy contento!

Sesión 1

1 55 Escucha y canta.

Genial, buena idea.
¡Eh! ¿Qué tal?
¿Qué tal si vamos a cantar?
¿Estás triste?
No, estoy contento.
¿Por qué no vamos a jugar?

¡Eh! ¿Qué tal?
¿Qué tal si bebemos un zumo?
¿Estás triste?
No, estoy contento.
¿Por qué no vamos a jugar?

¡Eh! ¿Qué tal?
¿Qué tal si leemos un cómic?
¿Estás triste?
No, estoy contento.
¿Por qué no vamos a jugar?

2 56 Escucha, señala y repite.

3 Observa y relaciona.

Tengo frío

Estoy triste

Tengo calor

Estoy aburrida

Estoy cansada

 1

 2

 3

 4

 5

 6

 7

 8

 9

 10

Estoy enamorado

Tengo miedo

Tengo hambre

Tengo sed

Estoy contento

4 57 ¡Así suena! Escucha y repite.

MIAU MIAU

TOLÓN TOLÓN

RIIIING

GUAU GUAU

MUUU

¡Guau, miau, muuu!
Tic, tac, en el reloj.
Tolón, tolón, las diez son.
Ring, ring, tic, tac.
¡Oh, oh!
Ahora te despertarás.

Aprende

Tengo   frío/calor/hambre/sed/miedo.
Estoy   contento/triste/cansado/enamorado/aburrido.

5  **58** Escucha y aprende.

6 Haz sugerencias y responde.

¿Qué tal si...
¿Quieres...
¿Por qué no...

...leer un cómic
...ver la tele
...jugamos al tenis
...bebemos un zumo
...estudiar Ciencias
...visitamos al primo
...jugar al fútbol
...bailamos

¡Buena idea!

No, gracias. No tengo ganas.

Ahora no.

¡Genial!

7 Lee y relaciona.

Papá,
tengo mucho frío. Estoy cansada y me duele la cabeza. No puedo ir al cole. ¿Por qué no vamos al médico?
Carla

Amiga Eloisa:
Mi amigo favorito es Alberto. Él es gracioso y guapo. También es tímido. Tiene los ojos verdes, es delgado y bajo. Estoy enamorada de Alberto.

¡Hola, mamá!
Estoy muy contento. Tengo buenas notas en Matemáticas y Dibujo. Yo estoy estudiando mucho. ¿Qué tal si me compras una camiseta roja?

CARLA

DAVID

8 Elige la respuesta correcta.

1. David tiene buenas notas en…

a) b) c)

2. David quiere…

a) b) c)

3. A Carla le duele…

a) b) c)

4. La amiga de Eloisa está enamorada de…
a) b) c)

5. Alberto es…
a) b) c)

 **Aprende**

¿**Quieres** ir/comer…?
¿**Por qué no** vamos/comemos…?
¿**Qué tal si** vamos/comemos…?

9 59 **Escucha y repite.**

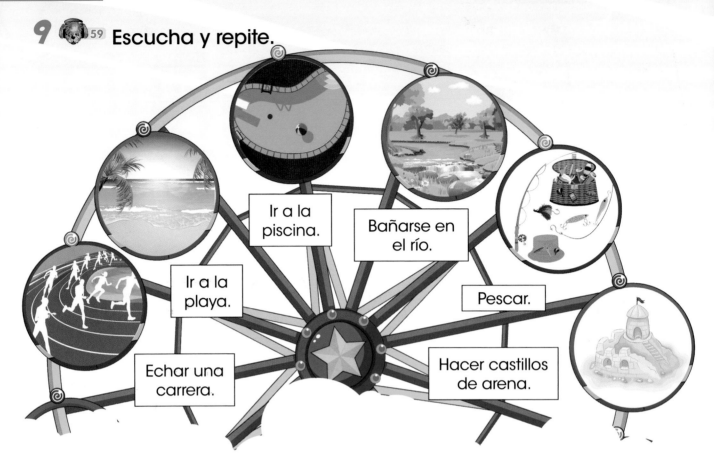

Ir a la piscina.

Bañarse en el río.

Ir a la playa.

Pescar.

Echar una carrera.

Hacer castillos de arena.

10 **Practica con tu compañero.**

Es guay.

Es genial.

Es divertido.

Es aburrido.

Hacer castillos de arena es guay.

Ahora tú.

11 Nuestro código secreto.

a ●   d △   e ★   f ■

b ◇   c ↑

g ○

h ♥   i ♡

j ∽   k ↓

l ✿

m □   ñ ✳   p →   s ◆

n ⊖   o ▲   r ☆   t ←

q ▱   u ♥

v ∽

w ▱   y ＜

x ∧

z ⊖

12 Juega con tu compañero. ¡Usa el código para escribir tus mensajes!

¿VAMOS A PATINAR?

¿Estás dibujando, Germán?

Ahora no. ¡Uf, estoy aburrido!

¡Buena idea!

¿Por qué no llamas a Santi?

BIP

BIP

BIP

Noventa y uno, treinta y tres, noventa y siete, sesenta y cinco.

¡Hola, Santi!

¿Qué estás haciendo?

¡Genial! Gracias, Santi.

¿Diga?

¡Hola, Germán! ¿Qué tal?

Mi padre y yo vamos a patinar. ¿Quieres venir con nosotros?

PÍO

PÍO

CROAC

¡Uf! ¡Tengo calor!

Yo, también. ¿Qué tal si nos bañamos en el río?

Oh, oh. No llevo bañador...

Da igual. ¡Bah!, en calzoncillos...

¡TACHÁN!

JA

JA

JA

JA

¡Nadas muy bien, Santi!

Me gusta nadar. En verano vamos a la piscina o a la playa con mis primos.

¡Tengo sed!

¡Tengo frío! Voy a salir al sol.

Mira, ¡hay un toro debajo del árbol!

¡AH!

¡MUUU!

¡Qué vaca tan guapa!

¡Estoy enamorado!

Oh, no. ¡Tengo miedo! No me gustan los toros.

¡MUUU!

Vamos, chicos.

¿Qué tal si echamos una carrera?

JA JA JA

LA AVENTURA CONTINÚA... ¿QUERÉIS VENIR CONMIGO?

Viaje de fin de curso

Sesión 1

1 61 Escucha y canta.

♪ Mira el mapa. ¿Dónde está?

¿Dónde está el museo?
¿Cerca? ¿Lejos? ¿Dónde está?
¿Dónde está el aeropuerto?
¿Cerca? ¿Lejos? ¿Dónde está?

¿Dónde está el hotel?
¿Cerca? ¿Lejos? ¿Dónde está?
¿Dónde está la estación?
¿Cerca? ¿Lejos? ¿Dónde está?

¿Dónde está el teatro?
¿Cerca? ¿Lejos? ¿Dónde está?
¿Dónde está el restaurante?
¿Cerca? ¿Lejos? ¿Dónde está?

MADRID

aeropuerto

restaurante

hotel

cine

teatro

parque de atracciones

museo

estación

Mira, Héctor, es Madrid. Ahí está el museo.

Sí, y allí está el parque de atracciones.

2 62 Escucha y señala.

3 Observa y practica.

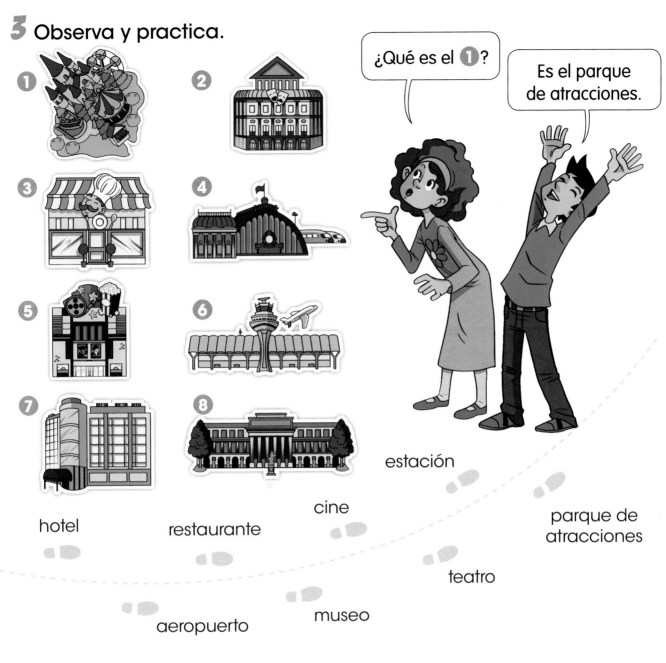

①
②
③
④
⑤
⑥
⑦
⑧

¿Qué es el ①?

Es el parque de atracciones.

estación

cine

hotel   restaurante

parque de atracciones

teatro

aeropuerto   museo

4 ¡Así suena! Escucha y adivina: ¿qué letra es?

Estoy en el sol,
estoy en el río,
y cuando camino,
voy contigo.

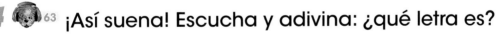

El burro me lleva a cuestas,
metida voy en un baúl,
yo no la tengo,
la tienes tú.

En medio del cielo estoy,
sin ser lucero ni estrella,
sin ser sol ni luna bella,
a ver si sabes quién soy.

5 **Escucha y aprende.**

Hola, perdona, ¿dónde está el museo del Prado?

¿Hay un restaurante cerca?

Gira a la izquierda. Ve todo recto. Está cerca de la estación.

Sí, gira a la derecha. Está enfrente del cine, junto al parque de atracciones.

6 **Mira el plano. Pregunta y responde.**

¿Dónde está la estación?

¿Hay un teatro cerca?

¿............... el hotel?

7 Lee y relaciona.

Hola, papá y mamá:

Ya estamos en Madrid. Hace calor ☀. El hotel está cerca de la estación y tiene ordenadores y televisión ⬛. ¡Es genial! Germán y Julia están en la habitación. Oda y Mar van al restaurante a desayunar 🍽. Hay tostadas, leche, zumos y naranjas.

Hoy vamos al museo del Prado y al parque de atracciones en autobús 🚌. Estamos muy contentos. Hay un cine junto al hotel y queremos ir mañana.

El parque del Retiro es divertido, hay un estanque con patos, bicicletas y columpios. ¡Qué guay!

Besos 👍😀   Héctor

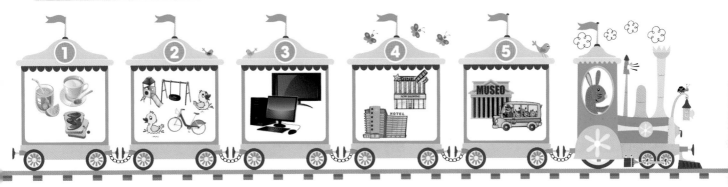

8 Lee y corrige.

1. Héctor y sus amigos están de viaje en PARÍS 🗼.

2. Oda y Mar van al a desayunar tostadas y leche.

3. Los niños van al museo del Prado y a la  .

4. Hay un junto al hotel, cerca de la estación.

5. En el parque hay columpios, bicicletas y 🐄.

 Aprende

→ Ve todo recto.

↗ Gira a la izquierda/a la derecha.

📍 Está cerca de/al lado de/enfrente de/junto a...

9 Escucha e identifica.

Auxi va en **taxi**.

Efrén va en **tren**.

Pietro va en **metro**.

Otto va en **moto**.

Mari Luz va en **autobús**.

Salomón va en **avión**.

La señora Roche va en **coche**.

10 Juega con tu compañero.

Hay un autobús en la rotonda.

El teatro está junto al hotel.

Es el dibujo 1.

Es el dibujo...

11 ¿Qué sabes de España?

1. España está en...
   a) América.
   b) Europa.
   c) África.

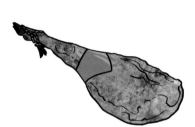

2. La bandera de España tiene dos colores...
   a) blanco y rojo.
   b) rojo y amarillo.
   c) morado y azul.

3. La capital de España es...
   a) Madrid.   b) Barcelona.   c) Valencia.

4. España produce principalmente...
   a) maíz y patatas.
   b) aceite de oliva y naranjas.
   c) chocolate.

5. En España podemos visitar...
   a) Big Ben y la catedral de San Pablo.
   b) La estatua de la Libertad y el museo Moma.
   c) El museo del Prado y el parque del Retiro.

6. El museo del Prado tiene...
   a) pinturas.   b) juguetes.   c) trenes.

7. ¿En cuántos países se habla español?
   a) 22.   b) 100.   c) 1.

8. España tiene islas llamadas...
   a) Seychelles.
   b) Malvinas.
   c) Baleares y Canarias.

EL PARQUE DE ATRACCIONES

En el parque de atracciones...

¡Guau! ¡Mirad eso! ¡Es divertido!

Sí. Va muy rápido, ¿no?

Y está muy alto. Tengo miedo.

¿Qué tal si vamos?

Sí, me encanta.

ENTRADA

Todo recto, chicos.

¡Qué feo!

Sí, pero lleva puesta una camiseta guay.

¿Por qué no vamos delante? ¡Es genial!

¡Buena idea!

Julia y yo vamos detrás.

Sí. Yo tengo miedo.

Tú cierra los ojos y coge mi mano.

TRAC

TRAC

TRAC

¡LOS REYES MAGOS!

1 🐾 67 **Escucha y lee.**

El 6 de enero se celebra en España el día de los **Reyes Magos**. Los niños españoles escriben cartas pidiendo sus regalos. En la tarde del día 5 de enero, los Reyes (Melchor, Gaspar y Baltasar) van por las calles de pueblos y ciudades en carrozas. Ellos tiran caramelos. Niños y mayores ven la cabalgata con mucha ilusión. Esa noche, todos los niños se van a dormir pronto esperando a los Reyes Magos. Por la mañana, se levantan muy temprano para abrir los regalos. Las familias desayunan un dulce típico: el **roscón de Reyes**.

Melchor

Gaspar

Baltasar

¿Verdadero o falso?

1. Los niños se van a dormir muy tarde la noche del 5 de enero.
2. Los niños escriben cartas a los Reyes pidiendo sus regalos.
3. Los Reyes Magos tiran a los niños fruta desde las carrozas.
4. Melchor, Gaspar y Baltasar van por los pueblos y ciudades de España.
5. El día de los Reyes Magos se celebra el 5 de enero.
6. El 6 de enero las familias cenan roscón de Reyes.

| **Reyes Magos** | carroza | cabalgata | temprano | **roscón de Reyes** |

2 Crea tus Reyes Magos.

Necesitas: --------------------

botes de yogur

telas

lana marrón y blanca

arroz

plastilinas

cartulina rosa

papel de aluminio

pegamento

3 Escribe tu carta a los Reyes Magos.

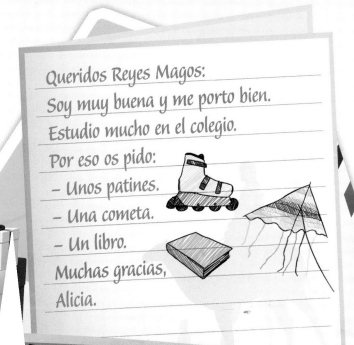

Queridos Reyes Magos:
Soy muy buena y me porto bien.
Estudio mucho en el colegio.
Por eso os pido:

– Unos patines.
– Una cometa.
– Un libro.
Muchas gracias,
Alicia.

Necesitas: --------------------

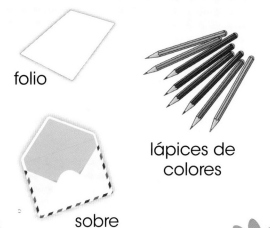

folio

lápices de colores

sobre

23 DE ABRIL DÍA DEL LIBRO

1 🎧 68 **Escucha y lee.**

El Día Internacional del Libro se celebra en todo el mundo el 23 de abril. Este día recordamos la muerte de Miguel de Cervantes y William Shakespeare en 1616.

En los colegios de España es un día especial: leemos libros, contamos cuentos, hacemos teatro...

En muchas ciudades se celebra la Feria del Libro. En las calles hay **puestos** con libros para comprar. Muchos **escritores** famosos firman sus obras. Es un día bonito para valorar la importancia de la lectura.

Feria del Libro   puesto   escritor   firmar

2 **Lee y completa.**

1. El Día del Libro se celebra...
2. En los colegios españoles, ese...
3. Muchos escritores famosos...

4. El día del libro valoramos...
5. El 23 de abril recordamos...

3 Haz tu marcador de libro.

Necesitas:

hojas

rotuladores

cartulinas

pegamento

lápices de
colores

revistas

4 Escribe un cuento con tu compañero.

Necesitas:

cartulinas

lápices de
colores

regla

revistas

rotuladores

Hace muchos años, todos los
pájaros eran de color marrón.

Los pájaros quieren tener colores como
las flores y piden a la Naturaleza
tener colores.

Cada uno tiene q
y no pueden cam

¿azul?

El canario dice:

"Yo quiero

COLOREA